BACKEN

DAS **MEERJUNGFRAUEN**-FANBUCH

STEPHANIE JULIETTE RINNER

EMF

EIN BUCH DER
EDITION MICHAEL FISCHER

VORWort

Wir alle kennen das wundervolle Märchen der kleinen Meerjungfrau, die tief im Ozean lebte. Ihre aufregenden Abenteuer spielen in der geheimnisvollen Unterwasserwelt, in all seinen schillernden Farbtönen von Türkis bis Blau, Violett und Grün. Obwohl wir sie schon so lange kennen und lieben, sind Meerjungfrauen jetzt der absolute Trend! Ob Mermaid-Toast, Mermaid-Torte oder Mermaid-Ice-Cream, der süße Trend des Jahres kommt nun auch in deine Küche. Mit meinem Buch zeige ich dir, wie einfach du den Backtrend für deine Liebsten zu Hause kreierst. Eines haben alle Rezepte gemeinsam: Sie sind einfach, gelingsicher und haben einen Mega-WOW-Effekt. Es gibt richtig schnelle Rezepte wie American Cookies, Marshmallows oder ein leckerer Smoothie mit Spirulina, dem Superfood aus Meeresalgen. Weniger aufwendige Leckereien wie lustige Oktopus-Pancakes, Cheesecake Bites oder eine Biskuitrolle mit süßem Fischmuster – und auch wahnsinnig tolle mehrstöckige Torten und glitzernde Cupcakes mit charakteristischen Flossen und Muscheldetails. Lass uns gemeinsam die Welt versüßen und Arielle und ihre Freunde zum Leben erwecken.

Ich zeige dir, wie einfach Backen sein kann, nur naschen musst du noch selber.

Deine Stephanie

INFO

Damit dir das Backen noch leichter fällt, sind die Rezepte in Schwierigkeitsstufen unterteilt: Das Seestern-Symbol findest du bei einfacheren Rezepten, das Seepferdchen bei etwas aufwendigeren. So kannst du deine Meerjungfrauen-Backkünste nach und nach steigern!

Inhalt

3kg

GrundLAGEN

BACKZUBEHÖR

Es gibt verschiedene **Spritztüllen,** die wir für Kekse und Cupcakes benötigen. Mit **Lochtüllen** aus Edelstahl oder Weißblech gelingen schöne gerade Linien und feine Details mit Royal Icing. Mit **Stern- und Blütentüllen** gestalten wir tolle Swirl- und Rosetten-Designs.

Für die Spritztüllen empfehlen sich **Einwegspritzbeutel** besonders gut. Nicht nur aus hygienischen Gründen, sondern auch wegen der Handhabung bei kleinen Mengen. Ich verwende immer die gleichen, ob Royal Icing, Ganache oder Buttercreme. Für flüssiges Royal Icing nehme ich außerdem Spritzflaschen aus Kunststoff. Diese lassen sich leicht reinigen.

Zum Einstreichen von Torten empfehle ich euch eine **Teigkarte** oder einen **Teigspachtel**. Damit könnt ihr glatte Oberflächen und scharfe Kanten ziehen. Die Torte dafür auf einen **Drehteller** stellen. Zum Dekorieren von Cupcakes und Torten eignen sich **Fondantroller** und **Fondantglätter** besonders gut. **Silikonformen**, auch Moulds genannt, gibt es mittlerweile schon in unzähligen Designs für Fondantdekorationen.

Alt bewährt und immer noch perfekt sind **Backpapier** und **Zahnstocher**. Die kleinen Alleskönner dürfen bei keinem Rezept fehlen.

SCHNELLE PANNENHILFE

ZU VIEL MEHL BEIM KEKSAUSSTECHEN
Knete den Teig lange und kühle ihn erneut, damit er fest wird. Du kannst den Teig auch zwischen zwei Blatt Backpapier ausrollen.

DIE SCHOKOLADENGLASUR WIRD GRÄULICH
Bring nur einen Teil der Schokolade zum Schmelzen. Stell den Topf zur Seite und rühr die restliche, klein gehackte Schokolade unter.

DER FONDANT WURDE FALSCH GELAGERT UND IST JETZT VIEL ZU TROCKEN
Knete etwas Kokosfett in den Fondant ein. Wird er zu weich, kannst du beim Kneten etwas Speise- oder Bäckerstärke auf deinen Händen verteilen.

BEIM EINSTREICHEN DER TORTE SIND UNEBENHEITEN ENTSTANDEN
Bevor du die Torte mit Fondant eindeckst, nimm ein Stück Küchenrolle und drücke es sanft auf die unschöne Stelle, um diese auszugleichen.

DAS ROYAL ICING IST ZU FEST ODER ZU FLÜSSIG
Ist die Konsistenz zu fest, kannst du einen Teelöffel Wasser zugeben. Ist es zu flüssig, kannst du die Glasur 1 Minute auf höchster Stufe verrühren.

DER FONDANT KLEBT IN DEN FORMEN, DER TEIG AM KEKSAUSSTECHER
Es hilft, die Formen einzupudern. Keksformen in Mehl tauchen und Silikonformen in Speisestärke.

1/2 tsp
1 tsp
1/3 tsp

MEINE 10 WICHTIGSTEN BACKTIPPS

Backen ist eigentlich kinderleicht – wenn man sich ans Rezept hält. Viele sagen, das Backen ist eine Wissenschaft. Das stimmt, denn kleine Abwandlungen ergeben ein gänzlich anderes Ergebnis. Meine wichtigsten Tipps also gleich vorneweg:

1. Lies das Rezept aufmerksam und halte dich an die Angaben. Zimmerwarme Zutaten heißt, diese mindestens eine Stunde vor dem Backen aus dem Kühlschrank zu holen. Ein Teelöffel ist ein Teelöffel und eine Messerspitze kein Esslöffel.

2. Den Backofen vorheizen. Unsere Geräte benötigen alle unterschiedlich lange, um die Wunschtemperatur zu erreichen. Erst bei konstanter Hitze kannst du dich an die Rezeptangabe halten und erhältst so das perfekte Ergebnis.

3. Die zwei wichtigsten Programme zum Backen sind: Umluft für Kekse und Cookies, hier kannst du mehrere Backbleche gleichzeitig backen, und Ober-/Unterhitze für saftige Torten, Cupcakes und Biskuit auf mittlerer Schiene.

4. Richtig kalter Keksteig ist ein Traum für filigrane Formen und Keksstempel. Ich rühre den Teig erst mit zimmerwarmen Zutaten zusammen, kühle ihn dann 1–2 Stunden und verarbeite für die Ausstechformen einen richtig festen kalten Teig. So lässt sich die Butter besser verarbeiten, die Zuckerkristalle können sich auflösen, und es gibt später keine unschönen Flecken und Löcher im Teig.

5. Um fluffige Cupcakes hinzubekommen, gibt es gleich drei Tipps und et voilà, herauskommen luftig leichte Cupcakes mit einer leichten Wölbung:

- die trockenen Zutaten unbedingt sieben
- einen Teil Backpulver durch Natron ersetzen
- langsames Backen bei Ober-/Unterhitze

6. Wenn wir schon bei Cupcakes sind, Fettflecken am Boden der Papierförmchen lassen sich durch 1 Teelöffel Reis in den Backformen vermeiden. Der Reis saugt die Feuchtigkeit auf und dein Papierförmchen ist zu 99,9 % fleckenfrei.

7. Du kannst dich beim Backen toll organisieren, indem du Tortenböden, Cupcakes und Kekse am Tag vorher bäckst. Creme und Fondantdekorationen in der Früh vorbereitest, und erst dekorierst, kurz bevor deine Gäste kommen.

8. Tortenböden krümeln weniger, wenn sie richtig ausgekühlt sind. Du kannst sie am Tag vorher backen und in Frischhaltefolie verpackt im Kühlschrank lagern, am nächsten Tag einstreichen und stapeln. Für eine gerade Torte verwende ich das Unterteil aus der Backform als oberste Schicht.

9. Kekse mit Zuckerguss, American Cookies oder Müsliriegel kannst du in einer luftdichten Dose lagern. Diese schmecken je nach Zutaten zwei bis sechs Wochen richtig gut. Cremetorten und Cupcakes mit süßer Haube solltest du maximal 2–3 Tage im Kühlschrank aufbewahren. Motivtorten aus Fondant bevorzugen einen kühlen Ort, nicht zwingend den Kühlschrank, da der Fondant zu schwitzen anfangen könnte.

10. Du hast nur noch einen einzigen Spritzbeutel zum Dekorieren? Um trotzdem viele bunte Cremes verarbeiten zu können, kannst du die Creme auf Frischhaltefolie streichen, diese eindrehen und dann in den Spritzbeutel stecken. So hast du nur ein wenig Creme an der Öffnung, die du auch bei Einwegspritzbeuteln leicht auswaschen kannst.

MERMAID-Torte

Ob im Meer oder an Land, begleitet von Seesternen und schillernden Perlen geht es für kleine und große Wassernixen auf zu großen Abenteuern.

ZUTATEN

FÜR 1 ZWEISTÖCKIGE TORTE (15 CM / 20 CM)

BUTTERCREME

2 Päckchen Puddingpulver Vanille
1 l Maracujasaft
6 EL Zucker
500 g Butter

TORTE

360 g Butter
600 g Zucker
8 Eier (M)
120 ml Orangensaft
600 g Mehl
100 g Speisestärke
2 TL Backpulver
Salz
360 ml Buttermilch

DEKORATION

1,5 kg weißer Fondant
Speisestärke
Pulverfarbe: Perlmutt, Gold
Gelfarben: Blau, Lila, Grün

AUSSERDEM

2 Springformen (ø 15 cm)
2 Springformen (ø 20 cm)
2 Tortenpappen
drehbare Tortenplatte
Backmatte
Fondantroller, Fondantglätter
Ei-Ausstecher
Silikonform Flosse
Pinsel
Zahnstocher

ZEIT: 4 Stunden Zubereitung

TIPP *Wenn jeweils nur eine 15er- und eine 20er-Springform verfügbar sind, die Zutaten halbieren und die Teigböden auf zweimal backen. Der Kuchenteig sollte immer frisch zubereitet werden.*

WEITER GEHT'S

1. Die Zutaten ca. 1 Stunde vor dem Backen bei Zimmertemperatur lagern. Den Backofen auf 180 °C Ober-/Unterhitze (oder 160 °C Umluft) vorheizen. Die Böden der Springformen (2 × 15 cm, 2 × 20 cm) mit Backpapier bespannen und die Ränder einfetten. Die Tortenpappe auf die Springformen zuschneiden.
2. Den Pudding laut Packungsanleitung kochen und anstelle von Milch Maracujasaft verwenden. Die Oberfläche mit Frischhaltefolie abdecken und auskühlen lassen.
3. Für die Tortenböden die Butter cremig rühren und den Zucker dazugeben. Nach und nach die Eier und den Maracujasaft unterrühren. Die trockenen Zutaten Mehl, Speisestärke, Backpulver und Salz in eine zweite Schüssel sieben und vermischen. Die Küchenmaschine auf niedrige Stufe stellen und abwechselnd die Buttermilch und die trockenen Zutaten unter die Masse rühren. Gleichmäßig auf vier Springformen aufteilen und ca. 40 Minuten backen (Stäbchenprobe nicht vergessen).
4. Für die Buttercreme die Butter cremig-weiß schlagen und den ausgekühlten Pudding nach und nach dazugeben.
5. Die ausgekühlten Tortenböden aus der Form lösen, begradigen und jeweils mittig durchschneiden. Die 20er-Tortenpappe auf eine Drehplatte legen, etwas Creme darauf verteilen und den ersten 20er-Tortenboden platzieren, mit Buttercreme bestreichen und einen weiteren Tortenboden darauflegen. Dies zweimal wiederholen, bis alle Böden aufeinander, gestapelt sind. Bei den 15er-Tortenböden wiederholen.
6. Beide Torten außen herum dünn mit Creme bestreichen (Krümelschicht) und 20 Minuten kühlen. Anschließend mit der restlichen Buttercreme dick einstreichen und scharfe Kanten formen. Wieder für 20 Minuten kühlen.
7. Für die Dekoration den weißen Fondant zu je 300 g in Hellblau, Helltürkis, Türkis und Flieder einfärben. Ein Teil bleibt weiß. Den weißen Fondant ca. 3 mm dick als Kreis ausrollen (Durchmesser ca. 30 cm) und mittig auf die untere Torte legen. Erst die Oberfläche und die Seiten mit dem Fondantglätter festdrücken und eine scharfe Kante formen.
8. Den hellblauen und türkisen Fondant auf eine Länge von 60 cm und eine Stärke von 3 mm ausrollen. In mehrere 4 cm breite Streifen schneiden. Einen Tiefkühlbeutel aufschneiden, die Streifen dazwischenlegen und mit den Fingern die obere Kante ausdünnen (Bild A). Am weißen Fondant mit etwas Wasser die erste Bahn rundherum ankleben und die obere Kante nach außen rollen. Nach und nach die weiteren Streifen ankleben. Es entsteht ein toller Ombré-Look.
9. Aus dem restlichen hellblauen Fondant sowie aus dem flieder- und türkisfarbenen Fondant möglichst viele Schuppen mit dem Ei-Ausstecher ausstechen. Aus dem übrigen türkisen Fondant mit einer Silikonform eine Flosse modellieren (Bild B). Diese trocknen lassen.
10. Für die Schuppen unten beginnen und diese abwechselnd im Kreis an der Buttercreme festdrücken. Bis nach ganz oben in die Tortenmitte wiederholen.
11. Aus den Resten des weißen Fondants mehrere unterschiedlich große Seesterne und mehrere weiße Perlen formen und die Seesterne mit goldenem Pulver bepinseln (Bild C). Die Perlen mit perlmuttfarbenem Pulver bepinseln.
12. Die Torten übereinanderstapeln und die Seesterne und Perlen mit etwas Wasser ankleben. Zum Schluss die Flosse mit zwei Holzspießen seitlich in der Torte stecken.

A

B

C

Mermaid-CUPCAKES

Der Cupcake versprüht das Farbenspiel der sagenumwobenen Unterwasserwelt: magisches Türkis, glitzerndes Violett, schillernde Koralle und edles Perlmutt. Fast zu schade zum Vernaschen, aber auch nur fast ...

ZUTATEN

FÜR 12 CUPCAKES

CUPCAKES

150 g Butter
150 g Zucker
1 Päckchen Vanillezucker
1 Prise Salz, 2 Eier (M)
200 g Mehl
½ TL Backpulver
¼ TL Natron
60 ml Buttermilch
Gelfarben: Rosa, Blau, Lila

TOPPING

200 g Butter
2 TL Vanilleessenz
250 g Puderzucker
200 g Frischkäse
Gelfarbe: Lila, Blau
Zuckerperlen: Pink, Blau, Lila, Weiß

DEKORATION

250 g Fondant in Lila
Essbares Glitzerpulver

AUSSERDEM

Muffinblech, 12 Papierförmchen
2 Spritzbeutel, 1 Lochtülle
1 Sterntülle #2D
Silikonform Flosse, Zahnstocher
scharfes Messer, Pinsel

ZEIT: 1 Stunde Zubereitung

1. Für die Cupcakes Butter und Eier ca. 1 Stunde vor dem Backen aus dem Kühlschrank nehmen und bei Raumtemperatur lagern. Den Backofen auf 160 °C Ober-/Unterhitze (oder 140 °C Umluft) vorheizen. Das Backblech mit Papierförmchen ausstatten.
2. Butter, Zucker, Vanillezucker und Salz schaumig rühren. Nach und nach die Eier dazugeben. Das Mehl mit dem Backpulver und Natron dazusieben und verrühren. Zum Schluss die Buttermilch hinzugeben. Den Teig auf drei Schüsseln aufteilen und jeweils in Rosa, Hellblau und Lila einfärben. Die drei Teige gleichmäßig auf die Papierförmchen aufteilen. Die Cupcakes ca. 25 Minuten auf mittlerer Schiene backen und im Backblech abkühlen lassen.
3. Mit der Silikonform und dem lilafarbenen Fondant 12 Flossen modellieren.
4. Für ein luftig leichtes Topping ein Creme-Cheese-Frosting zubereiten. Dafür die Butter cremig-weiß schlagen. Zusammen mit der Vanilleessenz, dem Puderzucker und dem Frischkäse verrühren. Die Masse halbieren und einen Teil in Hellblau und den anderen Teil in Lila einfärben. Die hellblaue Creme in einen Spritzbeutel mit Sterntülle und die lilafarbene Creme in einen Spritzbeutel mit Lochtülle füllen.
5. Mit der lilafarbenen Creme einen Kreis auf den Cupcake spritzen und mit Zuckerperlen bestreuen. Mit dem zweiten Spritzbeutel von innen nach außen einen Classic-Swirl aufspritzen und mittig die Flosse platzieren. Gut gekühlt servieren.

TIPP *Für mehr Stabilität die Flosse auf einen Zahnstocher stecken und vor dem Vernaschen entfernen. Cupcakes und Fondantdekoration können bereits am Vortag zubereitet werden.*

TIPP Den Sandboden kannst du mit zerkrümelten Keksen dekorieren.

MUSCHEL-Kekse

In den Tiefen des Ozeans versteckt sich eine zart schimmernde Kostbarkeit! Zum Greifen nah sind diese leckeren Muschelkekse mit feinem Kokosgeschmack.

ZUTATEN

FÜR 10 KEKSE

KEKSE

200 g Butter
150 g Zucker
1 Ei (M)
Meersalz
300 g Mehl
100 g fein gemahlene Kokosraspeln
Mehl zum Ausrollen

ROYAL ICING

250 g Puderzucker
1 Eiweiß (M)
Pulverfarbe Ozeanblau

DEKORATION

25 g weißen Fondant
Pulverfarbe Perlmutt

AUSSERDEM

Backblech
Muschel-Ausstechform
Sieb
Spritzbeutel
Lochtülle (ø 1 mm)
Spritzflasche
Pinsel (fein)

ZEIT: 1 Stunde Zubereitung /
KÜHLZEIT: 1 Stunde
TROCKENZEIT: 7 Stunden

1. Die zimmerwarme Butter mit dem Zucker cremig rühren. Ei und Meersalz unterrühren. Das Mehl und die Kokosraspeln kurz unterheben. Den Teig zu einem Quader formen und in Frischhaltefolie verpackt mindestens 1 Stunde im Kühlschrank ruhen lassen. Den Backofen auf 150 °C Umluft (oder 170 °C Ober-/Unterhitze) vorheizen. Das Backblech mit Backpapier auskleiden.
2. Den Keksteig 3 mm dick auf einer bemehlten Arbeitsfläche ausrollen und 20 Muscheln ausstechen. Die Kekse ca. 12–15 Minuten auf mittlerer Schiene backen. Die Kekse sind fertig, wenn sich die Ränder goldbraun färben. Auskühlen lassen.
3. Für das Royal Icing den Puderzucker in eine Schüssel sieben. Zusammen mit Eiweiß mindestens eine Minute verrühren. Die Konsistenz sollte ähnlich wie Zahnpasta sein. Ist sie zu flüssig, gib etwas Puderzucker dazu, ist sie zu fest, gib teelöffelweise Wasser dazu. Ein Viertel der Masse in einen Spritzbeutel mit Lochtülle füllen. Die restliche Masse mit 1–2 Esslöffeln Wasser zu einer flüssigen Creme anrühren (ähnlich wie Joghurt) und in eine Spritzflasche füllen.
4. Mit dem Spritzbeutel die Kekse nacheinander umranden und mit der flüssigen Creme die Kekse erst am Rand entlang und dann in der Mitte ausfüllen. Mit einem Zahnstocher Luftblasen aufstechen. Die Kekse mindestens 6 Stunden trocknen lassen.
5. Die Pulverfarben mit etwas Wasser dickflüssig anrühren. Aus weißem Fondant 10 kleine Kugeln formen und perlmuttfarben bepinseln. Die getrockneten Kekse mit blauer Farbe bemalen.
6. Mit einem Tupfer Zuckerguss die Perle in der vorderen Kekshälfte platzieren. Am Ende sowie auf der Perle etwas Zuckerguss auftragen und den zweiten Keks vorsichtig darauflegen. Eine Stunde trocknen lassen und hübsch anrichten.

Mermaid-ICE-CREAM

Super leicht und unverschämt lecker. Zum großen Eisglück braucht es nur drei Zutaten und Unmengen an glitzernden Zuckerstreuseln.

ZUTATEN

FÜR 4 PERSONEN

EIS

400 ml Sahne
400 g Kondensmilch
2 TL Vanilleextrakt
Speisefarben: Blau, Grün, Lila, Pink

DEKORATION

Bunte Zuckerperlen und Streusel

AUSSERDEM

Auflaufform
Eisportionierer

ZEIT: 15 Minuten Zubereitung / 6 Stunden einfrieren

1. Die Auflaufform im Gefrierschrank vorkühlen (mindestens 30 Minuten). Die Sahne cremig weich schlagen. Die Kondensmilch und das Vanilleextrakt hinzugeben und verrühren.
2. Die Masse in vier kleine Schüsseln aufteilen und mit Speisefarben einfärben. Die Auflaufform bereitstellen und mit einem Löffel abwechselnd die eingefärbte Eiscreme in die Form schichten. Dazwischen immer wieder Zuckerstreusel verteilen.
3. Wenn die Masse komplett verteilt ist, mit einer Gabel die Farben verrühren. Auf die Oberfläche Zuckerperlen und Streusel verteilen und mit Frischhaltefolie abdecken. Ab damit ins Gefrierfach und für mindestens 6 Stunden einfrieren.

TIPP *Für die Erwachsenen einen Schuss Wodka ergänzen.*

MATCHA-Donuts

Die Zubereitung von Matcha-Tee ist eine Kunst für sich. Diese leckeren Donuts hier sehen zwar kunstvoll aus, sind aber wirklich im Nu zubereitet – und das ganz ohne die Kraft von Poseidons magischem Dreizack!

ZUTATEN

FÜR 6 DONUTS

TEIG
80 g Zucker
1 Ei (M)
1 ½ EL Öl
4 EL Buttermilch
Salz
100 g Mehl
½ TL Backpulver

GLASUR
100 g Puderzucker
30 g Buttermilch
2 g Matchatee (1 TL)
Matchatee zum Bestreuen
weiße Zuckerperlen
weiß-goldene Zuckerstreusel

AUSSERDEM
Backblech für Donuts
Schneebesen
Sieb

ZEIT: 30 Minuten Zubereitung
TROCKENZEIT: 1 Stunde

1. Die Zutaten ca. 1 Stunde vor dem Backen aus dem Kühlschrank holen. Den Backofen auf 160 °C Ober-/Unterhitze (oder 140 °C Umluft) vorheizen, den Rost auf mittlerer Schiene platzieren und das Backblech einfetten.
2. Für den Teig Zucker und Ei cremig rühren, das Öl hinzugeben und mit der Buttermilch und 1 Prise Salz verrühren. Das Mehl mit Backpulver unterrühren. Den Teig gleichmäßig in das Backblech füllen. Die Donuts ca. 20–25 Minuten backen lassen, auf ein Kuchengitter stürzen und auskühlen lassen.
3. Für die Glasur den Puderzucker, die Buttermilch und das Matchateepulver mit einem Schneebesen verrühren. Mit einem Löffel über die ausgekühlten Donuts gießen. Bei Bedarf nach ca. 30 Minuten noch einmal übergießen. Zuckerstreusel dekorieren und etwas Matchateepulver darübersieben.

TIPP *Weiße Zuckerstreusel und zum Beispiel goldene Gelfarbe in einen Tiefkühlbeutel geben. Kräftig schütteln und schwupps, hast du deine ganz eigene Deko.*

TIPP Unter www.emf-verlag.de/produkt/backen-das-meerjungfrauen-fanbuch findest du eine Malvorlage für die Fische, die du dir unter das Backpapier legen kannst. Vor dem Backen bitte entfernen.

Biskuit-ROLLE

An dieser kleinen Rolle stimmt einfach alles: leckere Creme, frische Blaubeeren, zartes Biskuit und ein süßes Fischmuster zum Verlieben. Perfekt als Fingerfood to go für die nächste Party: kleine Stücke auf Eisstiele stecken und vernaschen.

ZUTATEN

FÜR EINE BISKUITROLLE

TEIG
- 4 Eier
- 70 g Zucker
- 1 Prise Salz
- 80 g Weizenmehl
- 40 g Speisestärke
- ½ TL Backpulver
- Gelfarben: Gelb, Blau, Grün

CREME
- 1 Zitrone (Abrieb und Saft)
- 4 Blatt Gelatine
- 300 g Blaubeeren
- 200 g griechischer Joghurt
- 50 g Puderzucker
- 200 g Magerquark

AUSSERDEM
- Backblech
- Backpapier
- Geschirrtuch
- Spritzbeutel
- Schere

ZEIT: 50 Minuten Zubereitung

1. Die Eier aus dem Kühlschrank holen. Die Zitrone heiß waschen. Das Backpapier für das Backblech zuschneiden und den Backofen auf 200 °C Ober-/Unterhitze (oder 180 °C Umluft) vorheizen. Die Gelatineblätter in Wasser einweichen.
2. Für den Buiskuitteig die Eier trennen. Das Eiweiß zu einem festen Eischnee schlagen. Das Eigelb mit 3 Esslöffeln Wasser aufschlagen und langsam Zucker und Salz einrieseln lassen. Das Mehl mit Speisestärke und Backpulver in die Schüssel sieben und verrühren. Nach und nach den Eischnee unterheben.
3. Ca. 4 Esslöffel der Masse in eine zweite Schüssel füllen, gelb einfärben und in einen Spritzbeutel füllen. Die restliche Masse mit blau und grün in einen schillernden Unterwasserton färben.
4. Eine kleine Ecke vom Spritzbeutel abschneiden und Fische auf das Backpapier spritzen. Die Biskuit-Fische ca. 2 Minuten backen und anschließend die restliche Masse gleichmäßig auf dem Backblech verteilen. Weitere 10 Minuten backen.
5. Nach dem Backen den Biskuitteig sofort auf ein frisches Küchenhandtuch stürzen und das Backpapier abziehen. Den Biskuit der Länge nach einrollen und auskühlen lassen.
6. Die Blaubeeren waschen, trocknen und 250 g pürieren. Den Rest der Blaubeeren beiseitelegen. Joghurt, Puderzucker, Zitronensaft und Abrieb hinzugeben und cremig rühren. Die ausgedrückte Gelatine bei geringer Hitze auflösen, in die Blaubeercreme rühren und in den Kühlschrank stellen. Sobald die Creme stockt, Quark und die restlichen Beeren unterrühren.
7. Den ausgekühlten Biskuit ausrollen und gleichmäßig die Blaubeercreme darauf verstreichen. Wieder zusammenrollen und vor dem Servieren mindestens 2 Stunden kühlen.

AQUARIUM-Marshmallows

Blub, Blub °°° Die kleinen Marshmallow-Pops sind ein toller Hingucker und lassen vom nächsten Urlaub träumen. Mit ein wenig Fantasie, Kekskrümel und Fondant lassen sich tolle Strandabenteuer dekorieren.

ZUTATEN

FÜR 5 MARSHMALLOWS

DEKORATION
100 g Candy Melts Türkis
2 EL Kokosfett
5 Marshmallows
100 g Vollkornkekse
20 g weiße Zuckerperlen
30 g Fondant: Orange

AUSSERDEM
5 Papierstrohhalme (türkis)
Tiefkühlbeutel
Nudelholz
Backpapier
Silikonform Fisch
Satinband in Orange
Schere

ZEIT: 20 Minuten Zubereitung

1. Die Candy Melts über einem Wasserbad schmelzen und das Kokosfett unterrühren. Die Strohhalme ca. 1 cm in die geschmolzene Schokolade tauchen und in die Marshmallows stecken. 5 Minuten trocknen lassen.
2. Die Kekse mit einem Nudelholz in einem Tiefkühlbeutel zerbröseln.
3. Die Marshmallows komplett in die Schokolade tauchen und abtropfen lassen. Beliebig mit Keksbrösel und Zuckerperlen (Luftblasen für die Fische) bestreuen. Zum Trocknen auf Backpapier stellen.
4. Aus Fondant kleine orangefarbene Clown-Fische formen. Mit einem Tupfer flüssiger Schokolade festkleben.
5. Zur Dekoration eine Satinschleife anbringen.

TIPP *Du kannst auch weiße Schokolade mit blauer Lebensmittelfarbe einfärben.*

TIPP Teil dir die Arbeit auf! Da sich gut ausgekühlte Kuchen besser schneiden lassen, kannst du den Kuchen wunderbar am Tag vorher zubereiten und am zweiten Tag dekorieren. Die Kuchenreste kannst du für das Cakepop-Rezept auf der nächsten Seite verwenden!

Mermaid-BLECHKUCHEN

Diese RIESEN-Flosse verdient ein WOW von deinen Gästen! Der Kuchen alleine ist schon köstlich, aber die Vanillepuddingcreme macht ihn unwiderstehlich – hab ein Auge auf gierige kleine Möwen.

ZUTATEN

FÜR EINEN KUCHEN

KUCHEN
300 g Butter
300 g feinen Backzucker
1 TL Vanilleessenz
Salz
5 Eier (M)
300 g Mehl
1 TL Backpulver
340 g Johannisbeergelee

CREME
2 Päckchen Puddingpulver Vanille zum kalt anrühren
1 l Milch
500 g Butter
80 g Zucker

DEKORATION
Gelfarben: Blau, Grün, Violett
3 Spritzbeutel
Schere
Zuckerstreusel, Teelöffel

AUSSERDEM
Backblech mit hohem Rand
scharfes Messer

ZEIT: 90 Minuten Zubereitung

1. Die Zutaten 1 Stunde vor dem Backen aus dem Kühlschrank holen. Das Backblech mit Backpapier auslegen und den Backofen auf 180 °C Ober-/Unterhitze (oder 160 °C Umluft) vorheizen.
2. Butter, Zucker, Vanilleessenz und 1 Prise Salz schaumig rühren. Nach und nach die Eier unterrühren. Anschließend das Mehl mit Backpulver dazugeben und kurz verrühren. Den Teig auf dem Backblech verteilen und ca. 45 Minuten backen. Nach Ende der Backzeit eine Stäbchenprobe machen. Den Kuchen im Blech auskühlen lassen.
3. Den Pudding laut Packungsanleitung mit kalter Milch (nicht direkt aus dem Kühlschrank) anrühren.
4. Die zimmerwarme Butter für die Creme schaumig schlagen und den Pudding in drei Portionen unterrühren. Darauf achten, dass Butter und Pudding die gleiche Temperatur haben. Mit Zucker abschmecken. Die Creme wie folgt aufteilen und einfärben: ½ türkis, ¼ blau, ¼ violett. In drei Spritzbeutel füllen und vorne jeweils 1 cm abschneiden.
5. Den Kuchen vom Backpapier lösen und eine Flosse ausschneiden. Die Kuchenreste aufheben. Die Flosse vorsichtig halbieren und eine Seite mit Johannisbeergelee bestreichen. Die Teigböden auf einer Tortenplatte wieder aufeinander setzen.
6. Den Kuchen rundherum mit der türkisen Buttercreme dünn bestreichen. Die Seitenränder etwas dicker. Den hinteren Teil der Flossen mit Zuckerperlen dekorieren.
7. Für das Schuppenmuster jeweils einen Tupfer Creme auftragen. Mit einem Teelöffel mittig andrücken und ausstreichen. Nach Belieben in drei Farben auftragen.

OKTOPUS-Cakepops

Willkommen im Schokohimmel! Die herzigen Oktopus-Cakepops sind die perfekte Kombination aus Kuchen und Schokolade und sind einfach zum Anbeißen niedlich.

ZUTATEN

FÜR 8 CAKEPOPS

KUCHEN

Du brauchst ca. 400 g Kuchen. Das Rezept findest du auf S. 25.
75 g Frischkäse
75 g fein passierte Fruchtmarmelade

DEKORATION

300 g Candy Melts Türkis
3 EL Kokosfett
20 g Fondant Rosa, Weiß

AUSSERDEM

8 Cakepop-Stiele
Silikonform für Blümchen
Spritzbeutel
Backpapier
schwarzer Zuckerstift

ZEIT: 45 Minuten Zubereitung
TROCKENZEIT: 1 Stunde

1. Den ausgekühlten Kuchen ganz fein zerkrümeln und mit Frischkäse und Marmelade zu einer dicken klebrigen Masse kneten. Acht gleich große Kugeln formen und kühlen.
2. Die Candy Melts in einem kleinen Topf über einem Wasserbad schmelzen. 2 Esslöffel Kokosfett dazugeben. Die Stiele ca. 1 cm in die Schokolade tauchen und dann vorsichtig in die gekühlten Teigkugeln drücken. 10 Minuten trocknen lassen.
3. Mit einem Wasserglas 8 Kreise auf ein Blatt Backpapier malen. Ein Viertel der Schokolade vorsichtig in einen Spritzbeutel füllen (Achtung heiß!) und vorn ein kleines Eck abschneiden. In den 8 Kreisen jeweils 6–9 Tentakeln malen und ausfüllen.
4. Die Cakepops komplett in die Schokolade tauchen, abklopfen und vorsichtig auf die Tentakel setzen. An einem kühlen Ort 1 Stunde trocknen lassen. Mit dem Rest im Spritzbeutel kleine Tupfen aufmalen.
5. Mehrere kleine Blümchen und Augen aus Fondant formen und mit dem Rest im Spritzbeutel aufkleben. Mit dem Zuckerstift Augen, Wimpern und Mund aufmalen.

TIPP *Wenn du den Kuchen frisch zubereitest, lass ihn gut auskühlen. Harte Stellen wegschneiden.*

Cheesecake BITES

Auf diesen leckeren Snack machen selbst geheimnisvolle Seeungeheuer Jagd! Die Cheesecake Bites strahlen in den schillernden Farben der Unterwasserwelt und schmecken gut gekühlt mindestens genauso lecker wie lauwarm.

ZUTATEN

FÜR 12 STÜCK

MÜRBTEIGBODEN
125 g Butter
75 g Zucker
1 Ei (M)
250 g Mehl
1 TL Backpulver

BELAG
250 g Zucker
4 Eier (M)
Salz
4 EL Speisestärke
2 TL Vanilleessenz
1 kg Magerquark
Gelfarben: Türkis, Violett

DEKORATION
100 g Zuckerperlen/-streusel gemixt

AUSSERDEM
Ofenform (ca. 30 × 20 cm)
Backpapier

ZEIT: 70 Minuten Zubereitung

1. Zutaten vorbereiten und den Backofen auf 180 °C Ober-/Unterhitze (oder 160 °C Umluft) vorheizen.
2. Für den Mürbteigboden Butter, Zucker und Ei verrühren. Das Mehl mit Backpulver nur so lange unterrühren, bis kein Mehl mehr sichtbar ist. Den Teig ca. 1 cm dick in der Backform verteilen und andrücken.
3. Für den Belag Zucker, Eier, 1 Prise Salz, Speisestärke und Vanilleessenz verrühren und den Quark unterheben. 4 Esslöffel der Masse beiseitestellen. Den Hauptteil türkis färben und in der Backform verteilen. Die übrige Creme violett färben und beliebig verteilen. Mit einem Löffel ein Muster malen und mit Streuseln dekorieren.
4. Den Cheesecake auf mittlerer Schiene ca. 40–50 Minuten backen. Stäbchentest machen. Abkühlen lassen und in 12 gleich große Stücke schneiden. Die Cheesecake Bites schmecken lauwarm wie eisgekühlt richtig lecker.

TIPP *Wenn es ganz besonders schnell gehen soll, für den Boden 450 g zerbröselte Butter- oder Vollkornkekse mit 150 g geschmolzener Butter vermischen.*

TIPP

Ist der Fondant zu klebrig, etwas Speisestärke einkneten. Ist er zu hart, etwas Kokosfett. Den Fondant in einer luftdichten Box aufbewahren.

UNTERWASSER-Kekse

„Unter dem Meer, unter dem Meer …", schon die kleine Krabbe Sebastian wusste, wie herrlich es am Meeresgrund ist. Wir holen seine kleinen Unterwasserfreunde in Form von Seestern, Oktopus und Seepferdchen zu uns in die Küche.

ZUTATEN

FÜR 18 STÜCK

KEKSE
- 200 g Butter
- 180 g Zucker
- 1 Ei (M)
- Salz
- 400 g Mehl

DEKORATION
- je 150 g Fondant Lila/Hellblau/Türkis
- Speisestärke
- 100 g Puderzucker
- 1 TL Eiweißpulver
- Gelfarbe Rosa

AUSSERDEM
- Keksformen
- Nudelholz
- 2 Backbleche
- 2 Backpapier
- Backmatte
- Pinsel
- Zahnstocher
- 2 Spritzbeutel
- 2 Lochtülle
- Zuckerstift in Schwarz

ZEIT: 60 Minuten Zubereitung

1. Die Zutaten ca. 1 Stunde vor dem Backen aus dem Kühlschrank holen und zusammen mit den anderen Zutaten bereitlegen. Backblech mit Backpapier auslegen und zwei Spritzbeutel mit Lochtülle vorbereiten.
2. Für den Keksteig Butter, Zucker, Ei und 1 Prise Salz cremig rühren und das Mehl unterrühren. Den Teig zu einem Brikett formen, in Frischhaltefolie verpacken und mindestens 1 Stunde im Kühlschrank ruhen lassen.
3. Den Backofen auf 150 °C Umluft (oder 170 °C Ober-/Unterhitze) vorheizen. Auf einer bemehlten Arbeitsfläche den Teig ca. 3 mm dick ausrollen und mit den Keksformen Kekse ausstechen. Die Kekse etwa 10 Minuten backen und anschließend auf dem Backblech auskühlen lassen.
4. Den Fondant auf einer Backmatte (mit etwas Speisestärke) ca. 2 mm dünn ausrollen. Die gleiche Anzahl wie die Keksformen in Wunschfarben ausstechen. Den Fondant auf der Unterseite mit einem Pinsel und etwas kaltem Wasser bestreichen und auf den Keks kleben.
5. Für die Zuckerguss-Dekoration den Puderzucker mit Eiweißpulver in eine Schüssel sieben und mit 2 Esslöffeln Wasser ca. 1 Minute zu einer dickflüssigen Masse rühren. Die Konsistenz sollte ähnlich wie Zahnpasta sein. Die Masse halbieren und eine Hälfte rosa einfärben. Beide in einen Spritzbeutel mit Lochtülle füllen.
6. Das Gesicht der Qualle mit einem Zuckerstift aufmalen und mit dem rosa Spritzbeutel Bäckchen einzeichnen. Die Seesterne und die Tentakel der Qualle mit Zuckerguss Tupfen dekorieren. Augen und Punkte am Bauch des Seepferdchen aufmalen. Mit weißem Zuckerguss Kamm und Flossen einzeichnen.

MERMAID-TOAST mit Windbeutel

Ein Frühstück mit Arielle. Beim Mermaid-Toast und luftigen Windbeuteln mit cremiger Füllung lässt es sich ganz wunderbar in den Tag starten.

ZUTATEN

FÜR 8 WINDBEUTEL

BRANDTEIG

125 ml Milch
50 g Butter
Salz
150 g Mehl
3 Eier (M)

CREME

200 g Sahne
1 Päckchen Sahnesteif
1 Packung Frischkäse
1 Päckchen Vanillezucker
50 g Kokosraspeln
Pulverfarbe Blau

AUSSERDEM

Backblech
Holzkochlöffel
Spritzbeutel
Sterntülle #1M
3 Scheiben Toast
Puderzucker zum Bestreuen
Sieb

ZEIT: 50 Minuten Zubereitung

1. Den Backofen auf 200 °C Ober-/Unterhitze (180 °C Umluft) vorheizen und ein Backblech mit Backpapier vorbereiten.
2. Für den Brandteig Milch, 125 ml Wasser, Butter und 1 Prise Salz in einem Topf aufkochen. Vom Herd nehmen, sofort das Mehl dazugeben und mit einem Holzkochlöffel zu einem glatten Teig verrühren. Den Teig 1 Minute unter ständigem Rühren erhitzen. Nach und nach die Eier dazugeben und mit einem Knethaken verrühren. Wenn der Teig glänzt, ist er fertig.
3. Die Masse in einen Spritzbeutel mit Sterntülle füllen und 8 Windbeutel auf das Backblech spritzen. Auf mittlerer Schiene ca. 20 Minuten backen. Während des Backens den Ofen nicht öffnen, sonst fallen die Windbeutel in sich zusammen.
4. Direkt nach dem Backen die Windbeutel mit einer sauberen Schere oder einem Messer in der Mitte halbieren. Die Windbeutel auskühlen lassen. Die Sterntülle und Spritzbeutel reinigen.
5. Für die Füllung die Sahne mit Sahnesteif aufschlagen. Langsam den Frischkäse mit Vanillezucker, Kokosraspeln und die Pulverfarbe unterheben. Nicht zu viel verrühren, so ergeben sich tolle Farbeffekte.
6. Für die Windbeutel zwei Drittel der Masse in einen Spritzbeutel mit Sterntülle füllen. Creme auf die Windbeutel spritzen und den Deckel daraufsetzen. Den Rest mit einem Messer auf den Toast streichen.

TIPP *Einen Meermaid-Toast färbt man eigentlich mit Spirulina, einer Meeres-Alge. Diese hat aber sehr starken Eigengeschmack und passt daher besser zum Smoothie auf Seite 41 als zu süßem Toast. Den Frischkäse kann man auch wunderbar mit pürierten Früchten wie Ananas oder Mango verfeinern.*

MUSCHEL-Cupcakes

Neben Mermaids sind auch Succulent-Cupcakes ein MEGA-Trend. Wir machen aus zwei Trends einen und zaubern himmlisch cremige Muschel-Cupcakes in sanften Farbschattierungen.

ZUTATEN

FÜR 12 CUPCAKES

TEIG

Basisrezept siehe Seite 13 (Mermaid-Cupcakes)

CREME

150 g weiche Butter
300 g Puderzucker
1 TL Vanilleessenz
100 g Frischkäse
Gelfarben: Rosa, Lila, Blau, Grün

DEKORATION

50 g Fondant weiß

AUSSERDEM

Muffinblech
3 Spritzbeutel
Spritztüllen: #2D, #104, #6B
Zahnstocher

ZEIT: 60 Minuten Zubereitung

1. Für die Creme die zimmerwarme Butter cremig-weiß schlagen. Puderzucker, Vanilleessenz und Frischkäse unterrühren. Die Creme in vier Schüsseln aufteilen und in Rosa, Lila, Blau und Grün einfärben.
2. Für die Tülle #2D ein Stück Frischhaltefolie (ca. 20 cm) bereitlegen. Alle vier Farben jeweils mit einem Esslöffel, in langen Streifen nebeneinander schichten. Die Frischhaltefolie zudrehen und in einen vorbereiteten Spritzbeutel mit der Sterntülle füllen. Mittig am Cupcake ansetzen und im Kreis nach außen spritzen.
3. Für die Tülle #104 einen Spritzbeutel vorbereiten. An der Tüllenseite mit der Spitze, rosa Buttercreme, und an der Tüllenseite mit Rundung grüne Buttercreme einfüllen. Je 2 Esslöffel einfüllen. Für das Design am äußeren Rand beginnen und kleine Schlaufen aufmalen. Von hinten nach vorn, Reihe für Reihe, fortfahren. Vorne mit einer weißen Fondantperle dekorieren.
4. Für die Tülle #6B einen Spritzbeutel vorbereiten. An den Seiten abwechselnd Buttercreme in Rosa und Blau einschichten. Jeweils ca. 2 Esslöffel. Mit der Tülle #6B Blüten spritzen. Mit den Resten aus den anderen beiden Spritzbeuteln verschiedene Designs aufspritzen.

TIPP *Kurz vorm Backen gefrorene Fruchtstücke im Teig versenken. Zum Einfärben von Buttercreme eignen sich besonders Gel- oder Pulverfarben.*

Minigugl MIT KORALLEN

Ein Paradies am Meeresgrund bieten wunderschöne Korallen und Muscheln. Mit fein geriebener Mandel und weißen Schokoladenstückchen ist der Minigugl eine tolle Basis für filigranes Korallendesign in zartem Rosé.

ZUTATEN

FÜR 6 MINIGUGL (M) ODER 12 MINIGUGL (S)

TEIG

75 g Butter
50 g Zucker
1 Päckchen Vanillezucker
Salz
1 Ei (L)
60 g Mehl
50 g gemahlene Mandeln
½ TL Backpulver
30 g weiße Schokolade

DEKORATION

200 g Candy Melts Türkis
100 g Candy Melts Pink
2 EL Kokosfett
50 g Fondant Weiß
Pulverfarbe Gold
Zuckerperlenmix (2–4 mm)

AUSSERDEM

Silikonbackform für Gugl
1 Spritzbeutel
Backpapier
Fondantroller
Speisestärke
Pinsel

ZEIT: 1,5 Stunden. Zubereitung

1. Die zimmerwarmen Backzutaten bereitlegen und den Backofen auf 160 °C Ober-/Unterhitze (140 °C Umluft) vorheizen. Die Backform ggf. einfetten.
2. Die Butter mit Zucker, Vanillezucker und 1 Prise Salz verrühren. Das Ei hinzugeben und alles zu einer cremigen Masse verrühren. Mehl, Mandeln und Backpulver unterrühren und zum Schluss die gehackte Schokolade unterheben. Den Teig in die vorbereitete Backform gießen und ca. 20 Minuten auf mittlerer Schiene backen. Auskühlen lassen.
3. Für die Dekoration nacheinander die Candy Melts über einem Wasserbad schmelzen. Jeweils 1 Esslöffel Kokosfett hinzugeben. Die rosa Glasur in einen Spritzbeutel füllen, eine kleine Spitze abschneiden und Korallen auf Backpapier spritzen (ca. 5 × 4 cm). Zum Trocknen in den Kühlschrank legen.
4. Aus Fondant unterschiedliche Muscheln formen. Das Goldpulver mit ein paar Tropfen Wasser anrühren und den Fondant bemalen. Die türkisfarbene Schokoglasur über die ausgekühlten Gugl gießen. Der Boden kann noch sichtbar sein, dieser erinnert an den sandigen Meeresgrund.
5. Die ausgekühlten rosafarbenen Korallen vorsichtig vom Backpapier abziehen und mit einem Tupfer flüssiger Schokolade auf den Gugl kleben. Mit Zuckerperlen und Muscheln dekorieren.

TIPP *Du kannst auch 40 g gefrorene Himbeeren klein hacken und dem Teig zugeben. Stelle die Gugl 15 Minuten in den Kühlschrank, falls sie sich schwer aus der Form lösen lassen.*

OKTOPUS-Pancakes

Ein toller Tag startet mit einem leckeren Frühstück. Wenn es uns dabei auch noch hinreißend süß anlächelt, bleibt garantiert nichts übrig und die Sonne strahlt.

ZUTATEN

FÜR 6 PFANNKUCHEN

TEIG
- 2 Eier (M)
- 200 ml Buttermilch
- 150 g Mehl
- ½ TL Backpulver
- ¼ TL Natron
- Salz
- 30 g Zucker
- Öl zum Braten

DEKORATION
- Lebensmittelfarbe:
  Blau, Grün, Violett

AUSSERDEM
- Pfanne
- 3 Spritzbeutel
- Esslöffel

ZEIT: 40 Minuten Zubereitung

1. Für den Pfannkuchenteig die Eier mit der Buttermilch verrühren. Die trockenen Zutaten Mehl, Backpulver, Natron, 1 Prise Salz und den Zucker in einer separaten Schüssel vermischen und zur Ei-Buttermilch-Masse geben. Den Teig 10 Minuten ruhen lassen.
2. Den Teig auf drei Schüsseln aufteilen und jeweils in Blau, Grün und Violett einfärben. Eine beschichtete Pfanne bei mittlerer Hitze vorheizen, etwas Öl dazugeben.
3. Alle drei Farben in einen Spritzbeutel füllen, vorn eine kleine Spitze abschneiden. Für den ersten Pfannkuchen mit Violett Augen und Mund in die Pfanne malen. Ein paar Sekunden warten. Mit dem blauen Teig einen Kreis über das Gesicht malen. In der unteren Hälfte die Arme (Tentakeln) aufmalen. Die Pfannkuchen erst wenden, wenn die Oberfläche kleine Blasen bildet. Zum Auskühlen auf ein Stück Küchenrolle legen.
4. In anderen Farbkombinationen wiederholen.

TIPP

Aus dem Pancake-Rezept kannst du auch lustige Seesterne machen. Übereinandergestapelt ergeben sie eine tolle Pfannkuchen-Torte mit Quark- oder Nussnougatcreme. Die amerikanischen Pancakes sind dicker als unsere Pfannkuchen. Für lustige Motive eignen sie sich daher besser.

ORANGEN-SPIRULINA-Smoothie

Das Superfood Spirulina ist eine proteinreiche Alge. In Kombination mit Spinat also genau das Richtige für aufregende Meeresabenteuer.

ZUTATEN

FÜR 1 GLAS

TEIG
100 g Spinat (gefroren)
100 ml frisch gepresster Orangensaft
100 ml Mandelmilch
2 TL Kokosblütenzucker
4 Eiswürfel
½ TL Spirulina

DEKORATION
Chiasamen
Kokosraspeln

AUSSERDEM
Mixer

ZEIT: 5 Minuten Zubereitung

1. Alle Zutaten in den Mixer und auf höchster Stufe ca. 2 Minuten mixen.
2. Mit Kokosraspeln und Chiasamen bestreuen und als Erfrischung genießen.

TIPP *Auch Datteln eignen sich wunderbar zum Süßen. Wenn du deinen Smoothie cremiger willst, kannst du eine halbe Banane dazugeben.*

Kokos-MÜSLIRIEGEL

Der perfekte Snack für ein Sonnenbad sind die nussigen Müsliriegel. In Schokolade getaucht und mit Kokosflocken verfeinert, schmecken die Powerriegel bestimmt kleinen Meerjungfrauen.

ZUTATEN

FÜR 14 STÜCK

TEIG
150 g Haselnüsse
150 g Mandeln
150 g Haferflocken (kernig)
1 reife Banane (L)
2 EL Honig

DEKORATION
100 g weiße Schokolade
2 EL Kokosfett
Gelfarbe: Türkis
100 g Kokosraspeln

AUSSERDEM
2 Töpfe für Wasserbad
Backblech

ZEIT: 30 Minuten Zubereitung

1. Backblech mit Backpapier vorbereiten und den Backofen auf 180 °C Ober-/Unterhitze (160 °C Umluft) vorheizen.
2. Die Nüsse grob hacken und zusammen mit den Haferflocken in eine Schüssel geben. Die Banane mit einer Gabel zerdrücken und mit dem Honig in die Nussmischung geben. Gut verrühren.
3. Die Masse ca. 1 cm dick auf das Backblech streichen. Versuche ein Rechteck von ca. 16 × 21 cm zu formen. Auf mittlerer Schiene ca. 10 Minuten backen. Die Müsliriegel sind fertig, wenn sich die Oberfläche braun färbt. Die Masse ist noch weich und härtet nun bei Raumtemperatur.
4. Für die Dekoration die Schokolade klein hacken. Zusammen mit dem Kokosfett über einem Wasserbad zum Schmelzen bringen und Türkis einfärben.
5. Die ausgekühlte und fest gewordene Masse mit einem scharfen Messer in 3 × 8 cm breite Streifen schneiden. Schräg in die Schokolade tauchen und mit Koksraspeln bestreuen. Auf einem Blatt Backpapier trocknen lassen.
6. Die Müsliriegel halten in einer Dose ca. 2 Wochen. Je nachdem wie schnell sie verputzt werden.

TIPP *Türkis kannst du dir mit Blau und Grün ganz leicht selber färben. Die Banane dient in diesem Rezept als Eiersatz und ist ein natürliches Bindemittel. Als vegane Alternative kannst du Ahornsirup anstelle von Honig verwenden.*

AMERICAN Cookies

Eine große Schüssel American Cookies und das Strandabenteuer kann starten. Noch unwiderstehlicher wird diese Nascherei, wenn man zwei Cookies mit Ganache zusammenklebt. YUMMIE!

ZUTATEN

FÜR 20 COOKIES

TEIG

je 100 g Candy Melts:
Rosa, Türkis oder Blau
150 g Butter
80 g weißer Zucker
80 g brauner Zucker
1 Päckchen Vanillezucker
1 Ei (M)
250 g Vollkornmehl
100 g Haferflocken
Salz
Gelfarbe: Lila

AUSSERDEM

2 Backbleche
2 Backpapier

ZEIT: 50 Minuten Zubereitung

1. Die Zutaten aus dem Kühlschrank holen und den Backofen auf 160 °C Umluft (180 °C Ober-/Unterhitze) vorheizen. Die Candy Melts in grobe Stücke hacken.
2. Butter, Zucker und Vanillezucker schaumig rühren und das Ei hinzugeben. Vollkornmehl, Haferflocken und 1 Prise Salz in einer zweiten Schüssel vermischen und zu der Butter-Zucker-Masse geben. Die Masse halbieren und einen Teil in Lila färben. Die Hälfte der Candy Melts auf die beiden Schüsseln aufteilen und unterrühren.
3. Aus dem Teig ca. 20 walnussgroße Kugeln formen und auf dem Backblech leicht andrücken. Genügend Abstand lassen. Die restlichen Candy Melts darüberstreuen. Die Cookies ca. 12 Minuten backen und auf dem Backblech auskühlen lassen. Sie sind noch weich, wenn sie aus dem Ofen kommen.

TIPP *50 g Mehl durch 50 g Kakaopulver ersetzen.*

NOCH MEHR Backbücher

Einhorntastisch backen
Einhorn-Motivtorte, Regenbogenkekse, Glitzerschokolade und mehr
9,99 € (D), 10,30 € (A)
978-3-86355-845-1

Ein HOCH auf uns!
Das Fußballparty-Fanbuch - Limitierte WM-Ausgabe mit Spielplan
Rezepte, Fun-Facts und Lifehacks
7,99 € (D), 8,30 € (A)
978-3-86355-968-7

Basic Backen - Motivtorten
Grundlagen & Rezepte für Kindergeburtstage, Partys und andere Feste
7,99 € (D), 8,30 € (A)
978-3-86355-984-7

Schicke Schichten: Fabelhafte Torten backen und verzieren
30 fabelhafte Torten backen und verzieren
17,00 € (D), 17,50 € (A)
978-3-86355-954-0

ÜBER DIE Autorin

Stephanie Juliette Rinner hatte schon als kleines Mädchen eine ganz besondere Beziehung zu Keksen, denn der gebürtigen Wienerin wurde die Affinität zur hohen Kunst der Zuckerbäckerei quasi in die Wiege gelegt. Da war es nur eine Frage der Zeit, bis sie nach dem Wirtschaftsstudium ihren Beruf als Senior PR und Communications Managerin aufgab und sich mit MEIN KEKSDESIGN einen Herzenswunsch erfüllte: ihre besondere Begabung für kreatives Kekseverzieren und die pure Freude am Backen an andere weiterzugeben. Zur Gründung ihres Unternehmens hat sie sich von der Konditoreninnung Bayern prüfen lassen. Seit 2015 bietet die Wahl-Münchnerin in ihrem Backatelier Backkurse für kleine und große Naschkatzen an. Stephanie führt persönlich durch die Backkurse und macht sie zu einem unvergesslichen Erlebnis.
Mit ihrem dritten Backbuch lässt Stephanie Juliette Rinner ihre süßen Träume auch für andere wahr werden. In ihrem Online Shop **www.meinkeksdesign.de** findet man alles, was man für den süßen Backspaß zu Hause braucht.

DANKsagung

Tausend Dank an das Team von Edition Michael Fischer das nun schon ein zweites Mal gemeinsam mit mir eine kleine Idee mit viel Liebe und Kreativität zum Leben erweckt haben. Nach „Einhorntastisch Backen" ist „Das Meerjungfrauen-Fanbuch" nun der zweite Teil einer wunderbaren Reihe an Trend-Backbüchern. Ein besonderes Dankeschön geht an meine Familie und meine Agentin, die meine kreativen Ideen und süßen Kostproben noch immer mit großer Begeisterung annehmen. In jedem meiner Rezepte stecken 100 g Liebe, ein Schuss Optimismus und ein gehäufter Esslöffel Euphorie. Backen ist zwar eine Wissenschaft, aber ohne Herzblut und den Mut, neues auszuprobieren, würde es dieses Buch nicht geben. Danke an alle, die an diesem zauberhaften Werk über die wunderbare Welt der kleinen Meerjungfrau beteiligt waren.

ÜBER DIE **Fotografin**

Gebacken und fotografiert hat Emma Friedrichs schon immer gerne. Seit 2014 hat sie ihre Leidenschaft zum Beruf gemacht. Sie arbeitet als Food-Fotografin und -Stylistin, ist Backbuch-Autorin und veröffentlicht ihre Kreationen regelmäßig auf ihrem Blog Emma´s Lieblingsstücke **(www.emmaslieblingsstuecke.com)**. Meistens süß und rosa und das, obwohl sie eigentlich lieber herzhaft isst.

IMPRESSUM

Bibliografische Information der Deutschen Bibliothek.

Die Deutsche Bibliothek verzeichnet diese Publikation in der deutschen Nationalbibliografie. Detaillierte bibliografische Daten sind im Internet über http://www.d-nb.de/ abrufbar.

EIN BUCH DER EDITION MICHAEL FISCHER

1. Auflage 2018

Dieses Werk wurde vermittelt durch Agentur Brauer, München

Covergestaltung: Nelli Braun
Redaktion und Lektorat: Anne-Katrin Brode, Natascha Mössbauer
Layout: Michaela Zander
Fotos und Food-Styling: Emma Friedrichs, Herford
Texte und Rezepte: Mag. Stephanie Juliette Rinner

ISBN 978-3-86355-994-6

Gedruckt bei Polygraf Print, Čapajevova 44, 08001 Prešov, Slowakei

www.emf-verlag.de